ASTRID CARVEL

CAPRICÓRNIO
ASTROLOGIA NA PRÁTICA

TÍTULO ORIGINAL *THE ZODIAC GUIDE TO CAPRICORN*

© 2023 Summersdale Publishers Ltd
Todos os direitos reservados.
© 2024 VR Editora S.A.

EDITORA Tamires von Atzingen
ASSISTENTE EDITORIAL Michelle Oshiro
PREPARAÇÃO Nilce Xavier
REVISÃO Paula Queiroz e Érika Tamashiro
COORDENAÇÃO DE ARTE Pamella Destefi
DIAGRAMAÇÃO Guilherme Francini e P.H. Carbone
PRODUÇÃO GRÁFICA Alexandre Magno

Dados Internacionais de Catalogação na Publicação (CIP)
(Câmara Brasileira do Livro, SP, Brasil)

Carvel, Astrid
Capricórnio: Astrologia na prática / Astrid Carvel; tradução Cristiane Maruyama.
— São Paulo: VR Editora, 2024. — (Astrologia na prática)

Título original: The Zodiac Guide to Capricorn
ISBN 978-85-507-0559-0

1. Astrologia 2. Horóscopos I. Título. II. Série.

24-224342   CDD-133.54

Índices para catálogo sistemático:

1. Horóscopos : Astrologia   133.54
Tábata Alves da Silva - Bibliotecária - CRB-8/9253

Todos os direitos desta edição reservados à:
VR EDITORA S.A.
Av. Paulista, 1337 – Conj. 11 | Bela Vista
CEP 01311-200 | São Paulo | SP

Sumário

4   **INTRODUÇÃO**

6   **PARTE 1**
     A ASTROLOGIA LHE DÁ AS BOAS-VINDAS

34   **PARTE 2**
     CONHEÇA O SIGNO DE CAPRICÓRNIO

62   **PARTE 3**
     SEU HORÓSCOPO E VOCÊ

98   **PARTE 4**
     ASTROLOGIA PARA O AUTOCUIDADO

124   **ATÉ LOGO**

125   **OUTROS RECURSOS**

Introdução

Você está pronto para abrir sua mente para a sabedoria ancestral do zodíaco e explorar todas as suas possibilidades? A Astrologia é tão ampla quanto o próprio céu, uma intrincada teia de estrelas, constelações, planetas, esferas celestiais e horizontes, mapeados por culturas antigas em milênios passados na tentativa de dar sentido ao nosso tempo no planeta Terra.

Com este livro, você terá as ferramentas necessárias para explorar mais profundamente seus comportamentos, características e conexões; para acessar as possibilidades contidas no movimento dos planetas e encontrar orientação e conforto quando precisar.

A Astrologia é uma viagem de autodescoberta, na qual você pode molhar apenas a pontinha dos pés ou mergulhar de cabeça, absorvendo o básico oferecido pelas estrelas ou se aprofundando em suas complexidades.

Aqui, você encontrará informações valiosas sobre a história da Astrologia e as diferentes tradições astrológicas. Saberá como fazer seu próprio mapa astral, a interpretá-lo e a tirar o melhor proveito dele. Vai conhecer

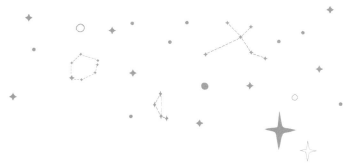

o significado da posição dos planetas, aprenderá a decifrar seu signo solar, seu signo lunar, o signo ascendente e muito mais. Observará as casas — setores do céu relacionados a diferentes aspectos de sua vida — para interpretar seus ensinamentos. Os padrões criados pelos corpos celestes através das casas são decodificados aqui para que você possa entender facilmente o que tudo isso significa.

Em seguida, conhecerá seu signo solar mais a fundo e verá como ele se relaciona com todas as áreas da sua existência, assim como as práticas de autocuidado das quais pode se beneficiar, com ideias e sugestões específicas para o seu signo.

Então, o que está esperando? Vire a página e comece a sua jornada.

Parte 1

A ASTROLOGIA LHE DÁ AS BOAS-VINDAS

Este capítulo te levará a uma jornada desde o nascimento da Astrologia, há milhares de anos, até sua relevância nos tempos modernos. Para melhor compreender seu signo solar, é importante conhecer um pouco da história e das tradições que resultaram no movimento amplamente praticado e conhecido hoje. O que levou as pessoas muito tempo atrás a olharem para o céu em busca de orientação e por que fazem isso até hoje? Pesquisas indicam que a Astrologia está mais popular do que nunca. Ela passou por uma espécie de ressurgimento, talvez porque as inúmeras incertezas da vida levem as pessoas a olharem para o céu em busca de respostas. O amplo conhecimento proporcionado pelas estrelas está à sua disposição. Vamos lá?

O que é a Astrologia?

Antes de avançarmos, é importante diferenciar **Astronomia** de **Astrologia**. A **Astronomia** é o estudo científico do universo, incluindo planetas, estrelas, objetos celestes e o espaço em si. A **Astrologia** analisa de que modo a posição das estrelas e dos planetas no momento do nosso nascimento pode afetar nossa personalidade e moldar a maneira como vivemos a vida.

A Astrologia é uma interpretação da posição dos planetas e das estrelas a partir do ponto de vista da Terra, e está intimamente relacionada ao comportamento humano e à influência dos corpos celestes em nossas escolhas cotidianas, nosso humor e comportamento. Os astrólogos acreditam que tudo faz parte de uma realidade interconectada, e que compreender como o simbolismo antigo das estrelas e dos planetas pode se relacionar a eventos em nossa vida é um processo em constante evolução.

Embora a Astrologia não preveja o futuro, tampouco parta do princípio de que somos controlados pelos planetas e pelas estrelas, sugere que a esfera celestial é capaz de criar certas condições e situações que podemos utilizar a nosso favor. Exige prática, mas esse potencial existe e pode ser explorado.

Os horóscopos de revistas e jornais são apenas a ponta do iceberg. Para que você possa descobrir como funciona do ponto de vista astrológico, basta saber data, hora e local de nascimento. A partir daí, é possível determinar seu signo solar, signo lunar e signo ascendente, criar um mapa astral e aprender mais sobre si mesmo. Falaremos disso mais à frente. O universo da Astrologia é amplo, está disponível para todos e pode ajudar você a compreender suas peculiaridades, comportamentos e relacionamentos. Pode auxiliar na decodificação do passado e preparar sua mente para o futuro.

O primeiro passo em sua jornada pelos planetas e estrelas é crucial – é hora de aprender sobre o zodíaco.

História da Astrologia

Muito antes de as pessoas viajarem para o espaço — ou antes de telescópios permitirem o estudo de mundos além do nosso em mais detalhes —, os seres humanos olhavam para o céu à noite para acompanhar as estações do ano e planejar a vida com base na posição das estrelas. Os viajantes observavam o céu para decidir que rota tomar, como os antigos marinheiros, que confiavam na carta celeste e utilizavam a Estrela Polar como guia. No antigo Egito, os agricultores ficavam alertas à enchente anual do Nilo, em julho, com o surgimento da estrela Sirius, pertencente à constelação do Cão Maior. Os fenícios avaliavam a posição do Sol no céu quando precisavam saber qual direção tomar, e um calendário lunar guiado pelas fases da Lua foi elaborado por culturas antigas para acompanhar eventos religiosos.

Embora ainda seja um mistério quando exatamente os signos do zodíaco começaram a ser associados a características e comportamentos humanos, sabemos que surgiram como um dispositivo de medição do tempo. Ao mapear as constelações em uma faixa do céu que abrange a circunferência da Terra — na qual o Sol, a Lua e os planetas se movem — e dividindo essa faixa em doze setores, os primeiros astrólogos conseguiram criar um calendário de signos zodiacais.

O céu é dividido em doze partes, cada uma ocupada por um signo do zodíaco. Cada signo é representado por uma constelação que delineia vagamente o símbolo associado a ele, e leva aproximadamente um mês para que o Sol atravesse o setor de cada signo. Essa é a razão pela qual, na Astrologia, os signos do zodíaco são conhecidos como signos solares.

Embora os antigos gregos sejam considerados os responsáveis por elaborar o calendário do zodíaco com o qual estamos familiarizados hoje, há evidências de que os babilônios já utilizavam um conjunto semelhante de signos desde cerca de 1500 a.C.

Por que o calendário do zodíaco começa em março?

Na Antiguidade, os gregos acreditavam que o aparecimento do Sol na constelação de Áries marcava o primeiro dia da primavera, estabelecendo-o como o início do calendário. Fazia sentido começar o ano com brotos verdes germinando após o inverno, simbolizando novos começos.

Como funciona

Há inúmeras técnicas e abordagens astrológicas, no entanto, a mais utilizada no Ocidente atualmente é a Astrologia moderna, ou Astrologia psicológica (veja na página 28).

Para começar, é preciso fazer o seu mapa astral. Hoje em dia, pode ser feito na internet mas, antes da era tecnológica, quem buscava respostas nas estrelas tinha que vasculhar grandes pilhas de páginas empoeiradas para encontrar as informações necessárias e compilar seu mapa de forma confiável.

O mapa astral registra a posição das principais estrelas e planetas no céu no dia em que você nasceu. Esse mapa será, então, a base de toda e qualquer interpretação ou leitura de trânsitos astrológicos. Um astrólogo — ou mesmo você, assim que pegar o jeito — vai comparar seu mapa astral com a posição dos planetas e das estrelas em momentos-chave para entender as influências que te motivam. Conhecer o comportamento dos planetas nos permite prever a conduta de um indivíduo em certas situações e em determinado momento. Nenhuma dessas previsões é uma garantia, porém nos auxilia a obter uma compreensão mais ampla dos mecanismos de nossas mente e alma.

Ao analisar os movimentos planetários com as informações sobre o seu signo solar, a Lua (signo lunar) e o signo ascendente (consulte as páginas 76-81), bem como os elementos (consulte a página 24), você obterá mais informações sobre o que realmente te motiva e poderá compreender por que certas características de sua personalidade diferem das de outras pessoas em sua vida.

Ao longo deste livro, você aprenderá sobre os diferentes aspectos da Astrologia que lhe permitirão ter uma visão mais clara de si mesmo.

Termos úteis

Zodíaco: trata-se de uma faixa no céu pela qual o Sol, a Lua e os planetas visíveis se movem ao longo do ano. O zodíaco é dividido em doze setores de acordo com as constelações que representam os doze signos — Áries, Touro, Gêmeos, Câncer, Leão, Virgem, Libra, Escorpião, Sagitário, Capricórnio, Aquário e Peixes.

Signo solar: é o seu signo no zodíaco, relacionado ao momento do seu nascimento; por exemplo, se nasceu em 21 de abril, seu signo solar é Touro.

Mapa astral: é uma fotografia da posição dos planetas no dia do seu nascimento.

Planetas: na Astrologia, os planetas referem-se àqueles do sistema solar — Mercúrio, Vênus, Marte, Júpiter, Saturno, Urano, Netuno e Plutão. O Sol e a Lua também são considerados planetas na Astrologia moderna.

Casas: doze segmentos do céu noturno que se sobrepõem aos signos do zodíaco. Cada casa reflete uma área diferente da sua vida.

Elementos: a cada signo é atribuído um dos quatro elementos — Fogo, Água, Ar ou Terra.

Signo lunar: é o signo do zodíaco onde a Lua estava posicionada no dia do seu nascimento.

Signo ascendente: é o signo do zodíaco que estava ascendendo no horizonte leste no dia do seu nascimento.

Retrógrado: refere-se a uma ilusão de ótica que faz parecer que os planetas estão se movendo para trás, devido a seu movimento no céu noturno em relação à Terra.

Meio do céu: o ponto médio medido entre dois objetos celestes no seu mapa astral.

Horóscopo: é um mapa astrológico das posições do Sol, da Lua e dos planetas em dado momento em relação aos seus signos solar, lunar e ascendente. Pode ser usado para ajudar a entender eventos passados ou sugerir possíveis eventos futuros.

Seu signo solar

O signo solar é outra maneira de se referir aos signos zodiacais. A cada ano, a Terra completa uma revolução ao redor do Sol, passando cerca de um mês em cada um dos doze signos. O signo solar é determinado pela data de nascimento: ou seja, o signo pelo qual o Sol estava transitando no momento do seu nascimento é aquele atribuído a você pela Astrologia.

É impossível ser um "puro" Áries, por exemplo, porque todos os demais planetas teriam que estar posicionados no setor do céu pertinente a esse signo no momento do seu nascimento, o que, devido às órbitas e às distâncias entre eles, jamais poderia acontecer. Como o Sol é considerado o objeto celeste mais influente no horóscopo, acredita-se que o signo solar seja uma fonte valiosa para aprender mais sobre si mesmo.

No entanto, para obter um panorama mais abrangente, é necessário analisar a influência do Sol em conjunto com a dos outros planetas em seu horóscopo, sendo os mais importantes o signo ascendente e a Lua. Se ainda não conhece esses signos, você aprenderá sobre eles nas páginas seguintes. Esses elementos essenciais do mapa astral (consulte a página 70) auxiliam você a desvendar sua personalidade e sua dinâmica interna sob uma perspectiva cósmica.

Descubra qual é seu signo solar

Calcular o signo solar é simples. Consulte a lista a seguir para encontrar o signo que corresponde à sua data de nascimento.

Áries	21 de março a 20 de abril
Touro	21 de abril a 20 de maio
Gêmeos	21 de maio a 20 de junho
Câncer	21 de junho a 22 de julho
Leão	23 de julho a 22 de agosto
Virgem	23 de agosto a 22 de setembro
Libra	23 de setembro a 22 de outubro
Escorpião	23 de outubro a 21 de novembro
Sagitário	22 de novembro a 21 de dezembro
Capricórnio	22 de dezembro a 20 de janeiro
Aquário	21 de janeiro a 19 de fevereiro
Peixes	20 de fevereiro a 20 de março

Os signos

ÁRIES *(21 de março a 20 de abril)*

Símbolo: Carneiro
Elemento: Fogo
Planeta regente: Marte

Os nativos de Áries são corajosos e obstinados, mas também podem ser infantis, impacientes e impulsivos. Têm determinação e são diretos, capazes de ser práticos e lúcidos ao tomar decisões. São líderes natos e, assim como seu equivalente animal, o carneiro, são bastante independentes. Costumam ser aventureiros apaixonados, com muito entusiasmo pela vida.

TOURO *(21 de abril a 20 de maio)*

Símbolo: Touro
Elemento: Terra
Planeta regente: Vênus

Os nativos de Touro são pacientes e confiáveis, perseverando até o final. Devotam uma lealdade inabalável à família e aos amigos, e sua força silenciosa e determinação são uma inspiração para os outros. Touro não é fã de mudanças e não gosta de ser apressado. Anseia por estabilidade e conforto em casa. Em relacionamentos, busca segurança emocional — e pode demorar a encontrá-la, mas, quando encontra, trabalha duro para mantê-la.

GÊMEOS *(21 de maio a 20 de junho)*
Símbolo: Gêmeos
Elemento: Ar
Planeta regente: Mercúrio

Os nativos de Gêmeos são pessoas alegres e otimistas, ao mesmo tempo que são curiosas e racionais. São comunicadores incrivelmente sociáveis, com frequência dispostos a interagir com qualquer pessoa que encontram. O aspecto gêmeo contempla dois lados de sua personalidade, pois os geminianos também têm uma natureza volúvel e superficial que precisam controlar. Buscam uma interação animada em relacionamentos e têm o dom de encontrar algo em comum com todos.

CÂNCER *(21 de junho a 22 de julho)*
Símbolo: Caranguejo
Elemento: Água
Planeta regente: Lua

Os nativos de Câncer são almas carinhosas e imensamente protetoras de seus amigos e entes queridos. Assim como o caranguejo, seu equivalente animal, projetam uma casca exterior resistente para esconder sua sensibilidade. Determinados e teimosos, pode ser difícil convencer os cancerianos a desistir quando têm algo em mente. Também podem ser melindrosos, mas uma bondade incondicional está profundamente enraizada nesse signo.

LEÃO *(23 de julho a 22 de agosto)*

Símbolo: Leão
Elemento: Fogo
Planeta regente: Sol

Os nativos de Leão buscam atenção e energizam aqueles ao seu redor. Não há nada que os leoninos amem mais que uma plateia e eles se orgulham de sua exuberância. Os nativos desse signo se destacam tanto na criatividade quanto na organização, e podem acabar impondo seus hábitos àqueles cujas vidas são mais caóticas — por vezes, sem ser convidados. Em geral, os leoninos são mais dominantes em relacionamentos, mas também são bondosos, calorosos e generosos.

VIRGEM *(23 de agosto a 22 de setembro)*

Símbolo: Uma jovem segurando uma espiga de ouro
Elemento: Terra
Planeta regente: Mercúrio

Os nativos de Virgem vivem atarefados, mais ocupados que todos os outros signos, e em uma busca constante pela perfeição. Práticos, organizados e ponderados, os virginianos estão sempre dispostos a oferecer assistência ou conselhos, e ajudarão sempre que puder. Embora gentis e pacientes em relacionamentos, às vezes os nativos de Virgem precisam de palavras de incentivo para aumentar sua confiança e conseguir se adaptar às situações.

LIBRA *(23 de setembro a 22 de outubro)*

Símbolo: Balança
Elemento: Ar
Planeta regente: Vênus

Os librianos usam suas habilidades diplomáticas para buscar a paz e a harmonia em todas as áreas da vida. Quando precisam tomar decisões, costumam ponderar bastante e buscar conselhos de outras pessoas. São encantadores e tendem a evitar situações de alta pressão para encontrar um meio-termo. Libra é um signo romântico e generoso em relacionamentos, porém cria expectativas elevadas no amor.

ESCORPIÃO *(23 de outubro a 21 de novembro)*

Símbolo: Escorpião
Elemento: Água
Planeta regente: Plutão

Escorpião é um dos signos mais intensos do zodíaco, e a inveja é uma questão que demanda trabalho árduo dos escorpianos. No entanto, combinada a uma grande força de vontade, ela muitas vezes os impulsiona a alcançar seus objetivos. Com energia ilimitada, os escorpianos costumam ter grande sucesso, e sua inclinação ao pensamento profundo e analítico os leva ao cerne dos problemas. Em relacionamentos, quando os escorpianos têm alguém em seu radar, fazem tudo o que podem para conseguir o que desejam — e são muito leais.

SAGITÁRIO *(22 de novembro a 21 de dezembro)*

Símbolo: Arqueiro
Elemento: Fogo
Planeta regente: Júpiter

Os nativos de Sagitário são caçadores de aventuras sempre prontos para um desafio. Seu entusiasmo e otimismo podem ser contagiantes, tornando-os populares entre os outros, que apreciam sua companhia e gosto pela vida. Em relacionamentos, os sagitarianos não gostam de restrições e, devido a seu espírito independente e inquieto, podem se entediar com facilidade, portanto é fundamental que o romance se renove e se mantenha emocionante.

CAPRICÓRNIO *(22 de dezembro a 20 de janeiro)*

Símbolo: Cabra
Elemento: Terra
Planeta regente: Saturno

Os nativos de Capricórnio são realistas e abordam as situações de maneira lógica e ponderada. Devagar e com constância, esse signo vence a corrida — com os capricornianos se movendo silenciosamente em direção ao prêmio com compostura e sem pressa. Seu senso de humor único é uma característica-chave dos capricornianos e, quando se trata de relacionamentos, são leais e dedicados.

AQUÁRIO *(21 de janeiro a 19 de fevereiro)*
Símbolo: Aguadeiro
Elemento: Ar
Planeta regente: Urano

Os nativos de Aquário costumam ser glamorosos e excêntricos, sempre amigáveis e muitas vezes prestativos ao extremo. Têm uma curiosidade genuína sobre todos que conhecem e farão muitas perguntas, embora tendam a manter a própria vida envolta em mistério. Em relacionamentos, os aquarianos são independentes e precisam de espaço, o que pode dificultar o estabelecimento de compromisso.

PEIXES *(20 de fevereiro a 20 de março)*
Símbolo: Peixes
Elemento: Água
Planeta regente: Netuno

Os nativos de Peixes são pessoas amáveis que frequentemente não medem esforços para ser amigáveis e caridosas. Esse signo é gentil e promove a compaixão e a compreensão, e um nativo não tem medo de demonstrar suas emoções — abrindo-se e compartilhando seus sentimentos com aqueles com quem se importa. Em relacionamentos, os piscianos podem ser excessivamente afetuosos, deixando as emoções, muitas vezes, à flor da pele.

Os elementos

Os doze signos solares são divididos em quatro grupos, cada um representado por um elemento. Os mais tradicionalistas acreditam que esses elementos vitais compõem todo o universo. Fogo, Ar, Água e Terra são considerados os quatro princípios básicos da vida, correspondendo, por sua vez, aos quatro princípios básicos da psique. Conhecer o elemento do nosso signo nos permite investigar mais profundamente as características associadas a ele.

FOGO

Signos de Fogo: Áries, Leão, Sagitário
Os signos de Fogo são alegres e vibrantes, artísticos e passionais. Confiantes em sua independência, nunca têm medo de se manifestar e, sempre otimistas, fazem as coisas acontecer sem se importar de lidar com pressão.

AR

Signos de Ar: Gêmeos, Libra, Aquário
Os signos de Ar são sociáveis, sabem lidar com as mais diversas situações e têm uma conversa envolvente. Ao mesmo tempo que são perspicazes e divertidos, também são bons ouvintes e sabem quando oferecer um ombro amigo às outras pessoas.

ÁGUA

Signos de Água: Câncer, Escorpião, Peixes

Os signos de Água são criativos e estão em sintonia com suas emoções, podendo ser pensadores silenciosos. Empáticos e carinhosos com as pessoas ao seu redor, estão sempre prontos para oferecer ajuda quando solicitados.

TERRA

Signos de Terra: Touro, Virgem, Capricórnio

Os signos de Terra se concentram nos detalhes. Enquanto são práticos e têm o pé no chão, olham para o futuro e começam a preparar-se para ele com muita antecedência. São realistas e conhecidos como "jardineiros do zodíaco", em parte devido ao cuidado e à atenção que dedicam à família e aos amigos.

O quinto elemento

Algumas fontes ocidentais acreditam em um quinto elemento, conhecido como *quinta essentia* ou "espírito". É geralmente desconsiderado porque se refere à alma ou ao ser espiritual de alguém, diferenciando-se dos outros quatro elementos. Embora algumas aplicações astrológicas levem em conta o quinto elemento ao analisar signos, ele não é representado no horóscopo.

Diferentes tradições astrológicas

Ao longo dos séculos, diferentes culturas ao redor do mundo desenvolveram suas próprias tradições e seus sistemas astrológicos. É fascinante ver como essas tradições diferem e como surgiram.

OCIDENTAL

No Ocidente, o sistema astrológico mais usado deriva da antiga Astrologia baseada nos doze signos do zodíaco. Abrange a cultura popular em sua forma básica de horóscopos de signos solares, focando o comportamento e a motivação humanos, e é norteado pelas doze constelações associadas aos doze signos solares.

MAIA

A Astrologia maia é baseada em um calendário antigo e complexo conhecido como *Tzolk'in*, que consiste em vinte signos diários e treze números galácticos. O calendário de 260 dias é usado para sugerir eventos futuros e identificar diferentes características humanas. Em vez de elementos, o sistema astrológico maia usa direções — norte, leste, sul, oeste —, cada uma englobando um conjunto diferente de significados, e uma direção é atribuída a cada um dos vinte signos diários.

VÉDICA

A Astrologia védica — ou *jyotish* — deriva de antigas tradições indianas e é uma das formas mais antigas e praticadas de Astrologia no Oriente. Embora tanto o zodíaco védico quanto o ocidental sigam praticamente os mesmos doze signos, as datas são diferentes — por exemplo, Áries vai de 13 de abril a 14 de maio (em vez de 21 de março a 20 de abril no calendário ocidental), enquanto Touro vai de 15 de maio a 14 de junho (em vez de 21 de abril a 20 de maio). Isso ocorre porque a Astrologia védica se baseia nas posições fixas e observáveis das constelações relacionadas, enquanto a Astrologia ocidental leva em consideração o deslocamento da Terra em seu eixo ao longo de milênios e se baseia na posição mutável do Sol.

CHINESA

Esse sistema é baseado nos ciclos lunares e no poder dos cinco elementos — madeira, fogo, terra, metal e água. Aproveitando-se da antiga filosofia chinesa e do conceito de yin e yang, cada ano é associado a um animal, bem como a um elemento.

Diferentes técnicas astrológicas

Existem muitas práticas astrológicas diferentes, mas as descritas a seguir são algumas das mais utilizadas em todo o mundo.

ASTROLOGIA MODERNA

Também conhecida como "Astrologia psicológica", é o tipo mais popular no Ocidente e a técnica abordada neste livro. É uma prática com muitas camadas, mas, em termos gerais, a Astrologia moderna analisa a posição dos planetas em relação ao seu mapa astral — que é um retrato dos planetas e das estrelas no dia do seu nascimento — e usa essas informações para compreender sua personalidade, características e comportamentos.

Alan Leo foi um respeitado astrólogo britânico que reviveu a prática no fim dos anos 1800 e início dos 1900, após a queda de popularidade da Astrologia no fim do século XVII. Leo, que usava seu signo solar como pseudônimo, é conhecido como "pai da Astrologia moderna", graças à maneira como ajudou a distanciá-la da ideia de oráculo e incentivou as pessoas a usarem-na para analisar comportamentos e personalidade por meio de uma abordagem psicológica.

ASTROLOGIA HORÁRIA

A técnica da Astrologia horária tem raízes nas antigas tradições helenísticas e busca responder a uma pergunta criando um horóscopo para o momento da indagação. O astrólogo geralmente recebe um simples "sim" ou "não" como resposta à pergunta feita.

ASTROLOGIA MUNDIAL

A Astrologia mundial estuda o efeito dos planetas em grupos de pessoas, lugares e países. Essa ramificação da Astrologia concentra-se em eventos significativos ao longo da história e busca entendê-los através da criação de um mapa astral para aquele momento específico. Um horóscopo então é criado para explicar como as pessoas podem reagir ou lidar com esse evento.

ASTROLOGIA ELETIVA

A Astrologia eletiva examina o momento ideal para um evento ocorrer, com base na posição dos planetas. Um astrólogo pode te aconselhar a se casar quando Vênus — o planeta do amor e da harmonia — estiver alinhado com a posição do planeta em seu mapa astral, por exemplo.

ASTROLOGIA DE RELACIONAMENTOS

Essa vertente astrológica analisa as chances de compatibilidade entre dois indivíduos no amor e em todos os tipos de parceria. Um astrólogo estuda os mapas astrais de dois indivíduos para analisar se eles se dariam bem. Há duas maneiras de fazer isso. A primeira é a *sinastria*, que compara os dois mapas astrais lado a lado; e a segunda é o mapa composto, que envolve o cálculo dos pontos médios dos planetas em cada mapa astral para criar um mapa para a união, que então é interpretado do zero.

TRADICIONAL

Até o século XX e a introdução da Astrologia moderna, a maioria das vertentes da prática era considerada "tradicional". Esse ramo da Astrologia concentra-se em previsões e usa apenas os sete astros que podemos ver a olho nu: Sol, Lua, Mercúrio, Vênus, Marte, Júpiter e Saturno.

ASTROCARTOGRAFIA

A Astrocartografia analisa um mapa astral para determinar onde alguém deveria viver ou passar algum tempo. De acordo com a posição de certos planetas em relação aos planetas do mapa de uma pessoa, é possível aconselhar um destino para morar ou passar as férias.

Se alguém quisesse saber, por exemplo, onde poderia passar férias excelentes, um astrólogo poderia observar a posição de Vênus (que representa o prazer) e Júpiter (viagens de longa distância) para deduzir a localização ideal. Essa prática também é conhecida como "astromapeamento".

ASTROLOGIA MÉDICA

O foco da Astrologia médica é a saúde de uma pessoa, e o astrólogo usa o mapa astral do indivíduo para descobrir a causa de quaisquer problemas de saúde existentes. O problema, as curas e a área ou áreas do corpo em questão correspondem a posições planetárias específicas.

Ficção científica?

A Astrologia moderna está mais popular que nunca. As gerações mais jovens adotam cada vez mais a prática para tentar entender sua vida. E a têm em alta consideração: uma pesquisa da National Science Foundation, realizada nos últimos anos, constatou que mais da metade dos millennials acredita que a Astrologia é uma ciência.

O que a Astrologia pode fazer por você

A Astrologia não prevê o seu futuro ou descreve a sua personalidade de maneira definitiva; em vez disso, descreve o potencial para características ou eventos específicos se manifestarem. Ela pode te ajudar a entender do que você é capaz como ser humano e quando aproveitar momentos propícios ou desafiadores. A Astrologia não anula o seu livre-arbítrio — você não é controlado pelos planetas —, mas os planetas criam certas condições que você pode aprender a utilizar a seu favor.

Quando compreende por que age de determinada maneira ou reconhece seus medos e desejos, você se sente mais à vontade consigo mesmo e com o seu mundo. E, quando se conhece melhor, age com consciência plena do que está fazendo e por quê.

A ASTROLOGIA É UMA LINGUAGEM. SE VOCÊ A COMPREENDE, O CÉU VAI FALAR COM VOCÊ.

DANE RUDHYAR

Parte 2
CONHEÇA O SIGNO DE CAPRICÓRNIO

Décimo signo do zodíaco, Capricórnio é tão prático quanto paciente. Dedica a maior parte de sua energia ao trabalho e não descansa enquanto não chega ao topo. O capricorniano faz amigos para a vida toda, e não há nada que não faria por seus entes queridos. É sábio e inteligente, reservado e convencional, mas jamais entediante, e seu senso de humor único é um de seus maiores trunfos. Nas próximas páginas, vamos analisar com mais detalhes o que realmente guia o temperamento deste signo em todas as áreas da vida, desde carreira até finanças, passando por amor e romance, relacionamentos com amigos e família, saúde e bem-estar, e também signos compatíveis. Descobriremos o que os planetas significam, assim como os pontos fortes e os desafios.

Ficha técnica: Capricórnio

DATAS: 22 de dezembro a 20 de janeiro

SÍMBOLO: Cabra

GLIFO: ♑

CARACTERÍSTICAS: Reservado, realista, ambicioso

PARTE DO CORPO: Joelhos

ELEMENTO: Terra

PLANETA REGENTE: Saturno

COR: Cinza

CRISTAL: Turquesa (dezembro), granada (janeiro)

CRISTAIS ASSOCIADOS: Quartzo rosa, granada, quartzo fumê

CHACRA: Básico

CURIOSIDADES

+ Capricórnio é o décimo signo do zodíaco, após Sagitário e antes de Aquário. É o último dos signos de Terra, sendo os outros Touro e Virgem.

+ A palavra "Capricórnio" significa "chifre de cabra" em latim, e o símbolo da constelação é uma criatura híbrida de peixe e cabra, chamada de "cabra do mar".

+ Os sumérios associavam Capricórnio a uma criatura mítica meio cabra, meio peixe, e os babilônios, como um híbrido de cabra e humano.

+ A constelação, Capricornus, é uma das menos brilhantes do zodíaco, o que torna difícil localizá-la.

+ Três estrelas da constelação — Alpha-2 Capricorni, Beta Capricorni e Omega Capricorni — formam um triângulo, que pode ajudar a localizar o restante da constelação.

+ A estrela mais brilhante é Delta Capricorni, que forma a cauda da cabra.

+ O aglomerado estelar Messier 30 pode ser encontrado na parte sul da constelação.

A história de Capricórnio

Na mitologia grega, Capricórnio costuma ser associado a Pã, o sátiro — meio homem, meio bode — deus dos pastores, dos bosques e das pastagens. Ele é com frequência retratado com chifres, carregando uma flauta ou flautas de Pã. Considerado uma criatura lasciva, estava sempre à procura de uma nova ninfa dos bosques.

Pã realizava festas indulgentes para os outros deuses gregos. Em um desses eventos, a celebração foi interrompida pelo temível gigante Tífon, que tinha o corpo de um homem cuja metade inferior consistia em víboras que sibilavam e atacavam conforme ele se movia.

Os deuses se transformaram em animais e fugiram da festa — todos, exceto Pã. Ele pulou no rio na tentativa de escapar da fera intrusa. Sua metade inferior, que estava submersa na água, tornou-se um peixe, enquanto a metade superior permaneceu bode; foi quando se tornou o cabrito marinho associado ao signo de Capricórnio.

Pã olhou para trás e viu que Zeus tinha caído nas garras de Tífon. O sátiro então foi ajudar o deus-mor do Olimpo, chamando a atenção de Tífon e prometendo-lhe um banquete de peixes se o gigante soltasse Zeus.

O apetite de Tífon o fez concordar, permitindo que Zeus retomasse o controle e derrotasse a poderosa besta de caudas de serpentes com seus raios.

Zeus ficou tão grato que, quando Pã morreu, o deus o imortalizou como a constelação de Capricórnio.

Capricórnio:
o que os planetas nos dizem

Uma das vertentes mais importantes da Astrologia estuda o que os planetas dizem quando estão em transição pelo seu signo solar. Você pode encontrar previsões de trânsito planetário em vários sites, incluindo: <astrosage.com/transits> (em inglês). Observação: os planetas externos e, portanto, mais lentos — Urano, Netuno e Plutão levam centenas de anos para percorrer os doze signos do zodíaco! Logo, o que podem indicar é muito mais amplo e menos pessoal.

Sol: propósito – Liderar é sua vocação. Quando surgir uma oportunidade de assumir o comando, não a deixe passar.

Lua: intuição – Você anseia por rotina e estrutura para atingir sua eficiência máxima. O controle o faz sentir-se seguro.

Mercúrio: comunicação – O aprendizado impulsiona você, especialmente quando pode levar a algo próspero, e suas decisões são práticas.

Vênus: amor – Sente-se particularmente atraído por pessoas com estrutura óssea forte e, quando se trata de roupas, opta por peças ousadas e marcantes.

Marte: ação – Você tem objetivos claros e é estratégico na busca para alcançá-los, usando suas habilidades para agilizar os esforços e chegar aonde quer.

Júpiter: oportunidade – Você não se esquiva da responsabilidade. Tem uma postura prática quando está no topo e é respeitado por isso.

Saturno: autoridade – Vê como seu dever assumir a responsabilidade e sabe quando é o momento certo de tomar o controle.

Urano: mudança – Urano representa mudanças repentinas e inovação, além do avanço da ciência e tecnologia.

Netuno: imaginação – Além da intuição, glamour e encanto, Netuno instiga a fazer perguntas importantes na busca por outro caminho.

Plutão: poder – Plutão trata da visão geral e não se preocupa com detalhes. Devido à sua órbita lenta, pode levar entre doze e trinta anos para passar por um signo — e 248 anos para transitar pelo zodíaco. Por isso é conhecido como "o planeta geracional", com gerações inteiras encontrando Plutão no mesmo signo em seus mapas.

> **2060 Quíron**
>
> Alguns ramos da Astrologia também incluem Quíron, um planeta-anão localizado no sistema solar externo que orbita o Sol entre Saturno e Urano. Descoberto em 1977, ele sugere que a autoconfiança promoverá a cura enquanto você busca independência.

Capricórnio: traços de personalidade e características

Os capricornianos são pessoas muito convencionais e querem ser vistos fazendo o que é certo. Práticos e lógicos, mas nada entediantes! O nativo de Capricórnio costuma ter um senso de humor único que encanta as pessoa — ele adora fazê-las rir.

É muito inteligente e a usa com sabedoria, sendo capaz de oferecer conselhos valiosos quando alguém o procura em busca de ajuda.

Meticuloso e confiável, é um trabalhador dedicado que não deixa nada ao acaso. É um lutador, não desiste das pessoas e é bastante ambicioso quando se trata da vida profissional. Um capricorniano não para até superar os obstáculos e alcançar seus objetivos: ele se propõe a vencer e não é de se contentar com o segundo lugar.

Orgulha-se de sua integridade e às vezes é honesto até demais com os outros. As pessoas sabem que estão lidando com alguém direto quando vão até o capricorniano, e isso as atrai.

Cuidadoso e bastante reservado, pode até parecer tímido. Certamente não assume grandes riscos, sempre avaliando todos os resultados antes de tomar decisões, o que costuma lhe trazer bons resultados, embora, ocasionalmente, possa querer deixar a cautela de lado e dizer "sim" por impulso.

Capricórnio: pontos fortes e desafios

PONTOS FORTES

+ As ambições capricornianas impressionam pelo que se propõem a alcançar. A força e a determinação com que corre atrás de seus objetivos são inspiradoras.

+ É meticuloso em todas as áreas da vida: não deixa nenhum detalhe passar batido e conclui todas as tarefas que precisa fazer. Por isso, tem grande conhecimento sobre uma ampla variedade de assuntos.

+ Sua admirável paciência o torna calmo. Os outros fariam bem em seguir seu exemplo!

DESAFIOS

- ✦ Buscar sempre o primeiro lugar pode ser uma tendência a ser mau perdedor. Às vezes, o segundo lugar pode ser tão bom quanto o primeiro.

- ✦ Ser detalhista pode significar que, ocasionalmente, o capricorniano se concentre em coisas pequenas e fique bastante pessimista. Uma boa estratégia é escrever três coisas pelas quais é grato ao fim de cada dia para se motivar.

- ✦ Embora os capricornianos tenham ambição de sobra, a falta de confiança pode surgir, e é importante procurar algo que os ajude a deixar de lado as inseguranças.

Capricórnio: interesses, do que gosta e do que não gosta

INTERESSES

Adora hobbies, em especial quando pode curti-los em casa. Os capricornianos são colecionadores e artesãos, e se divertem com artesanatos práticos e criativos, como tricô, costura e pintura.

A jardinagem costuma ser uma grande paixão. A paciência desse signo entra em ação aqui e não há nada que lhe dê mais satisfação que ver os frutos de seu trabalho se tornando algo bonito ou saboroso.

GOSTA

A casa é o porto seguro do capricorniano, que adora trabalhar nela, seja com bricolagem ou design de interiores, para torná-la um lugar especial.

Ama exercícios ao ar livre, sejam lentos ou intensos. Fazer trilhas e corridas são os preferidos. Quando o clima permite, praticar ioga em um espaço aberto é do que o capricorniano precisa para se manter motivado.

Não é fã de festas barulhentas ou bares e prefere atividades mais reflexivas. Quando se trata de socializar, prefere passar tempo com os outros individualmente, e gosta bastante de ir ao teatro ou ao cinema.

NÃO GOSTA

Não gosta muito de itens baratos e chamativos, prefere comprar coisas que sabe que vão durar: qualidade é melhor que quantidade.

Não gosta de se apressar para tomar uma decisão; prefere pensar bem e ponderar as possibilidades antes de fazer uma escolha.

Capricórnio: estilo de comunicação

Os capricornianos são práticos e determinados, mas podem ser bastante retraídos e ambiciosamente discretos, então sempre ouvem e absorvem tudo o que se passa ao redor. A hesitação do capricorniano em se envolver, no entanto, significa que também se contém ao deixar as pessoas saberem como realmente se sente e é improvável que mostre suas emoções, a menos que realmente confie em alguém.

Exala uma aura de respeito e as pessoas o procuram em busca de seus sábios conselhos — sempre entregues com uma boa e brutal dose de honestidade. Mas também é gentil, levando os sentimentos dos outros em consideração e procurando garantir que eles se sintam bem com suas decisões.

Dificilmente o capricorniano perde o bom senso, e é capaz de manter a calma em uma crise, o que muitas vezes desperta a inveja alheia. O nativo deste signo age com firmeza e segue em frente com a tarefa em mãos, ao mesmo tempo em que incentiva sua equipe.

Embora muitas vezes seja considerado sério e lógico demais, tem um grande senso de humor e sabe como e quando usá-lo com grande efeito.

Capricórnio: compatibilidade com outros signos

Lembre-se de que isso não é uma regra absoluta — o zodíaco opera de maneiras misteriosas, e só porque o seu signo pode parecer incompatível com o de alguém próximo não significa que uma amizade ou algo a mais esteja fora de questão. Como sempre, a Astrologia é apenas um guia.

Áries – Áries vive o momento, enquanto Capricórnio quer fazer planos a longo prazo.

Touro – Touro faz um bom trabalho ao manter Capricórnio com os pés no chão, e Capricórnio encoraja Touro a ir ao infinito e além.

Gêmeos – Gêmeos admira a abordagem prática de Capricórnio diante da vida, e ambos se acham interessantes e intrigantes.

Câncer – Embora muito diferentes um do outro, quando a faísca acende entre esses dois, o relacionamento é intenso.

Leão – Há tensão entre os dois, pois o brincalhão Leão tira o sisudo Capricórnio do sério, mas ambos podem ser muito bons um para o outro.

Virgem – Dois signos incrivelmente produtivos que fazem e acontecem enquanto também se divertem.

Libra – Conseguem se conectar no nível emocional e cada um fornece o que o outro precisa.

Escorpião – Escorpião e Capricórnio compartilham um senso de humor semelhante e despertam o fascínio um do outro.

Sagitário – São igualmente ambiciosos e compartilham a habilidade de falar de forma direta.

Capricórnio – Dois nativos formam um casal extremamente apaixonado, só precisam se certificar de ter tempo suficiente um para o outro além do trabalho.

Aquário – Aquário vê Capricórnio como um mistério, enquanto Capricórnio vê Aquário como alguém em quem realmente pode confiar.

Peixes – Esses dois signos podem conversar por horas e a chama do romance arde intensamente.

Capricórnio: amigos e família

Os capricornianos são propensos a ter um grupo seleto de amigos íntimos e confiáveis em vez de muitos conhecidos e colegas de mesa de bar.

Capricórnio leva as amizades a sério, é leal e confiável, sempre disposto a largar tudo num piscar de olhos quando um dos seus precisa de ajuda. Os amigos são sua família estendida e eles sentem o mesmo pelo capricorniano. Esse nativo tende a fazer amigos para a vida toda, e é comum que mantenha contato com amigos de infância à medida que a vida segue.

Quando conhece novas pessoas, costuma ser amigável e ao mesmo tempo reservado. Quando alguém parece realmente confiável, pode dar um pouco mais de abertura, mas tende a agir sempre como o gato escaldado que tem medo até de água fria, mesmo que nunca tenha sido escaldado antes.

A família é importante para o capricorniano, que tende a manter as relações com os amigos separadas e não mistura os dois grupos. Quando há conflitos, geralmente outra pessoa tem de agir como a pacificadora, já que Capricórnio é teimoso e sua resposta costuma ser o silêncio.

Capricórnio: amor e sexo

Os capricornianos são parceiros carinhosos, gentis e atenciosos, mas não demonstram seus sentimentos facilmente. Por serem reservados, certificam-se de que estão com a pessoa certa antes de se abrirem completamente para o parceiro.

Sentem-se atraídos por pessoas sensíveis com um ótimo senso de humor, e que sejam carinhosas e gentis. Como precisam de reafirmações constantes nos relacionamentos, necessitam de um parceiro que esteja disposto a lhes fornecer isso.

Quando se trata de relacionamentos a longo prazo, podem ser bastante tradicionais e é comum o desejo de querer se estabelecer e formar uma família. Afinal, é um signo que gosta de fazer planos, ainda mais nos relacionamentos românticos.

Entre quatro paredes, querem abstrair e esquecer o mundo do lado de fora. São do tipo que desligam todos os dispositivos, acendem algumas velas perfumadas e aproveitam para curtir a pessoa amada só para si.

SEM A ASTROLOGIA,
O HOMEM CAMINHA,
PODEMOS DIZER, NO
CREPÚSCULO SOMBRIO
DA IGNORÂNCIA.

LUKE DENNIS BROUGHTON

Capricórnio: carreira e sucesso

Capricornianos são trabalhadores extremamente dedicados que sempre obtêm grandes conquistas na área a que se dedicam.

São ambiciosos, mas trabalham de forma discreta e meticulosamente calculada rumo a seus objetivos, sempre ponderando cada movimento ao longo do caminho.

Capricornianos passam muito tempo pensando no futuro e como desejam que ele seja. Por isso, raramente acabam em algum lugar por acidente ou exercendo uma carreira por acaso; são indivíduos que sabem o que querem e fazem acontecer.

Sua automotivação o estimula a ser um trabalhador autônomo e é provável que tenha muitas ideias quando se trata de administrar o próprio negócio. Pode até ter tantas ideias que acaba compartilhando-as, incentivando outros a se arriscarem e trabalharem por conta própria.

Seu lado racional sabe quando uma ideia vale a pena ser perseguida, e esse signo é esperto o suficiente para manter o controle de todas as áreas da operação, sempre ciente de como tudo está funcionando e fazendo o trabalho necessário para garantir que o negócio se mantenha estável.

Capricórnio: dinheiro e prosperidade

Embora tenha potencial para ganhar muito dinheiro por meio de sua ambiciosa carreira, Capricórnio prefere não gastar e tende a aplicá-lo em contas de alto rendimento e investimentos.

Fazer compras de valores altos o deixam ansioso, e ele nunca corre riscos, de modo que todas as grandes decisões financeiras são meticulosamente pensadas e pesquisadas, e os investimentos, analisados, em geral, com muita orientação profissional e garantia de segurança.

Tal atitude costuma significar que os capricornianos prosperam em carreiras que lidam com números, como contabilidade, bancos ou outra área financeira, ou talvez até como professor de matemática!

Por vezes, tamanha prudência em relação ao dinheiro pode ser interpretada como mesquinharia.

Permitir-se um mimo para si e também às pessoas queridas de vez em quando afasta essa imagem de avareza e permite que o capricorniano aproveite um pouco do dinheiro que trabalhou tanto para ganhar, afinal, só se vive uma vez!

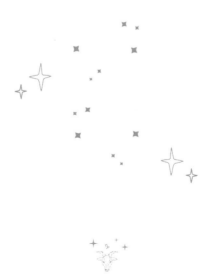

Capricórnio: saúde e bem-estar

É importante dar uma pausa na vida agitada de trabalho para relaxar e aliviar o estresse. Exercícios ao ar livre feitos com regularidade podem ser um tônico para o capricorniano e seus níveis crescentes de estresse.

Ao aventurar-se fora de casa, uma atividade que propicia conforto e alívio é a natação. Procure um local para nadar, como uma piscina coberta ou ao ar livre. Fique atento aos próprios movimentos e ao ambiente enquanto estiver na água.

Nadar em águas abertas ou frias é outro modo de aproveitar a natureza. Muitos adeptos desse tipo de natação afirmam se sentir energizados pelo restante do dia após um mergulho, e os benefícios da terapia com água fria são amplamente reconhecidos — se quiser saber mais, pesquise o método Wim Hof.

Vale incorporar atividades ao ar livre que nutram a alma, como passear pela natureza e fazer uma corrida, caminhada ou trilha.

Também é possível experimentar o banho de floresta — uma prática de ecoterapia japonesa que envolve caminhar ou imergir na natureza, conectando-se conscientemente com o ambiente ao redor. Os benefícios para a saúde física e mental são inúmeros.

Parte 3
SEU HORÓSCOPO E VOCÊ

Este é o momento de colocar seu conhecimento em prática — é hora de construir um mapa astral. Nas próximas páginas, você aprenderá como fazer isso e, mais importante, como decodificá-lo. Pode parecer complicado à primeira vista, mas não se preocupe — todos os elementos e as informações de que você precisa para entender seu mapa estão aqui neste capítulo. Vamos te guiar passo a passo e te ajudar a dar sentido a tudo. Desde o signo lunar e o signo ascendente até os significados ocultos nos planetas e nas casas, os mistérios do zodíaco estão prestes a ser revelados.

Usando a Astrologia para adivinhação e orientação

Ao traçar um mapa astral e descobrir a posição dos planetas e signos do zodíaco no céu e a casa astrológica específica que eles estavam ocupando no dia do seu nascimento, você pode obter uma compreensão mais profunda de si mesmo.

Munido desse conhecimento, você pode aprender mais sobre quem é, suas motivações e o que faz seu coração bater mais forte. Também pode ter uma visão mais clara de quem pode se tornar, quais perspectivas estão à frente e como pode trabalhar esse potencial a seu favor.

Seja porque se sente incompreendido ou simplesmente porque deseja ter mais clareza, o céu pode te oferecer consolo. Quando grandes decisões se aproximam, você pode recorrer à Astrologia em busca de conforto e tranquilidade. Embora a Astrologia não forneça respostas definitivas, ela oferece muitos temas para reflexão e autoidentificação.

Com as casas abordando tantos aspectos da sua vida, e os planetas e signos do zodíaco relacionados à sua personalidade, você poderá encontrar muitas respostas!

Nas próximas páginas, você aprenderá a elaborar seu mapa astral (isso é muito mais fácil do que antes, graças à tecnologia moderna e à internet) e saberá o significado de todos os setores e símbolos; descobrirá seus signos lunar e ascendente; e ampliará seu conhecimento sobre os planetas e as casas, a influência deles em sua vida e aprenderá a interpretar seus significados.

O que fazer ou não ao interpretar as estrelas

O QUE FAZER

- ✦ Lembre-se de que o foco da Astrologia é a orientação.
- ✦ Pense bem antes de tomar qualquer decisão importante.
- ✦ Recorra a um astrólogo experiente se estiver preocupado ou precisar de clareza em sua leitura.

O QUE NÃO FAZER

- ✦ Não leve as análises ao pé da letra — são informações para que você interprete o significado e reflita como se aplicam à sua vida.
- ✦ Não se apresse — vá no seu próprio ritmo e tudo ficará claro.
- ✦ Não fique obcecado com resultados — amanhã é outro dia e tudo pode mudar.

UMA CRIANÇA NASCE NO DIA E NA HORA EM QUE OS RAIOS CELESTIAIS ESTÃO EM HARMONIA MATEMÁTICA COM SEU CARMA INDIVIDUAL.

SRI YUKTESWAR

Como criar seu próprio mapa astral

Para criar seu mapa astral, você só precisa saber o dia e o local de seu nascimento. No entanto, é vital que saiba exatamente a que horas nasceu. Caso contrário, tente perguntar a parentes ou consultar registros médicos, se tiver acesso a eles, ou verificar em seu livro ou álbum de bebê — caso tiver um —, porque é impossível criar um mapa astral preciso sem essa informação.

Também conhecido como mapa natal, o mapa astral é essencialmente um panorama da posição dos planetas e das estrelas no céu no exato momento de sua chegada à Terra. É algo totalmente único, jamais repetido, que pode proporcionar muitas percepções valiosas na busca por entender melhor a si mesmo.

Criar um mapa astral costumava ser um processo trabalhoso, porém, graças à internet, agora é possível obtê-lo em questão de minutos. Experimente o <astrolink. com.br> e faça seu mapa astral gratuito, do mais simples ao mais complexo — até mesmo o mapa astral mais simples parecerá um tanto indecifrável na primeira vez que o vir, mas logo você pega o jeito.

O TimePassages (em inglês) é um aplicativo pago muito fácil de usar, que permite criar um mapa astral e ler horóscopos diários com base em suas informações pessoais e trânsitos astrológicos — além de comparar seu mapa com o de um amigo ou parceiro, caso queira se aprofundar mais.

Um exemplo de mapa astral

Glifos astrológicos

ÁRIES

TOURO

GÊMEOS

CÂNCER

LEÃO

VIRGEM

LIBRA

ESCORPIÃO

SAGITÁRIO

CAPRICÓRNIO

AQUÁRIO

PEIXES

GLIFOS DOS PLANETAS

SOL

LUA

MERCÚRIO

VÊNUS

MARTE

JÚPITER

SATURNO

URANO

NETUNO

PLUTÃO

Como decifrar
seu mapa astral

Mantenha a mente aberta ao analisar seu mapa astral. Seja flexível, criativo e esteja preparado para abraçar os desafios que forem apresentados. Explore o potencial que essa análise oferece e esteja aberto a sugestões que talvez não esperasse antes.

Já falamos sobre os signos do zodíaco e, nas próximas páginas, examinaremos os planetas e as casas. Esses são os elementos mais importantes do mapa astral.

Na roda externa estão os doze signos do zodíaco, enquanto os doze segmentos internos são as casas.

A linha que atravessa o meio é o horizonte, com a sigla AC para ascendente, ou signo ascendente, e DC para descendente. Na linha vertical, MC é a sigla de Meio do Céu e IC de *imum coeli* (conhecido como Fundo do Céu).

Agora é hora de descobrir o que tudo isso significa. As instruções nas páginas a seguir vão te mostrar como.

OS PLANETAS

Examine os planetas um por um e a posição que ocupam no mapa. De maneira simplificada: os planetas representam o "o quê", o signo pelo qual estão transitando representam o "como" e "por que", e a casa em que o planeta aparece representa a área da vida na qual isso é relevante. Por exemplo, se a Lua está transitando por Aquário e pela primeira casa. Com base nisso, podemos interpretar que a Lua indica sentimentos profundos e Aquário representa clareza — talvez a solução para uma grande decisão se torne clara — na primeira casa, que simboliza nossa personalidade e o eu.

AGRUPAMENTOS PLANETÁRIOS

Agrupamentos de planetas no mapa também podem ser reveladores. O hemisfério superior do mapa representa a vida pública, enquanto o hemisfério inferior representa a vida privada. A metade oeste representa a liberdade, enquanto o lado leste representa o destino. Se houver mais planetas de um lado que de outro, isso influencia a leitura.

NODOS LUNARES

Os nodos lunares são os pontos nos quais a Lua intercepta a esfera e são representados pelo glifo ☊. Cada mapa astral tem um Nodo Norte e um Nodo Sul, com o Nodo Sul posicionado diretamente em oposição ao Nodo Norte. Como o Nodo Sul representa o passado, quem você foi, seu comportamento instintivo e sua zona de conforto, ele não costuma aparecer nos mapas astrais, mas é reservado para leituras astrológicas posteriores; já o Nodo Norte representa o oposto do Nodo Sul, a direção que você deveria estar seguindo na vida, aspirações e como pode se desafiar a crescer. Os signos do zodíaco nos quais esses dois nodos caem representam como essas características passadas e futuras devem ser.

Por exemplo, se o Nodo Norte cai em Leão, sugere que o futuro está em se cercar de outras pessoas, brilhar na área profissional em que você escolheu atuar e ser audacioso ao tomar grandes decisões.

A ABÓBADA CELESTE ESTRELADA É, NA VERDADE, O LIVRO ABERTO DA PROJEÇÃO CÓSMICA.

CARL JUNG

Como descobrir
o signo lunar

O signo lunar é o signo astrológico pelo qual a Lua estava passando no momento do seu nascimento. A Lua leva dois dias e meio para percorrer cada signo, portanto cerca de um mês para completar um ciclo por todos os signos do zodíaco.

Entender o signo lunar é importante, pois ele é a nossa natureza emocional — como medos, anseios, obsessões e tudo mais. Muitas vezes é chamado de "alma da identidade" — aquela parte subconsciente que permanece oculta e que talvez você nem conheça tão bem. Aprender mais sobre o signo lunar pode te ajudar a desbloquear esses traços ocultos e ampliar a compreensão que tem de si mesmo.

Alguns chamam o signo lunar de "criança interior", o centro emocional bem guardado. Ele pode ter um grande impacto no humor e na forma como as emoções chegam à superfície.

Você conhecerá seu signo solar, mas é importante também calcular o signo lunar para ter o quadro global. Você se sentirá incompleto sem ele.

Como calcular
o signo lunar

No passado, para determinar seu signo lunar, você teria de procurar a hora e a data de seu nascimento em uma tabela de efemérides — um extenso compêndio de tabelas que traçam a posição da Lua ao longo dos dias, meses e anos. Você pode encontrar o signo lunar no seu mapa natal. Por exemplo, no mapa da página 70, o signo lunar cai em Capricórnio, sugerindo que rotina e estrutura são necessárias.

Hoje em dia, no entanto, não é necessário fazer o mapa astral para descobrir o signo lunar. Se está atrás de uma resposta rápida, pode usar uma calculadora on-line como a <lunarium.co.uk/calculators/moonsign> (em inglês). Você só precisa saber o horário exato do seu nascimento, pois alguns minutos de diferença podem resultar em um signo lunar completamente distinto.

Entendendo seu signo lunar

Áries – Você é uma alma impaciente, que avança pela vida em um ritmo estressante. Pode ser difícil planejar o futuro quando só pensa no agora.

Touro – Você leva as coisas devagar e cautelosamente, permanecendo calmo e prestando atenção a cada detalhe. Sente a necessidade do toque e de manter as pessoas por perto.

Gêmeos – Você prospera na aprendizagem e na absorção de novas informações — seja pelas interações com os outros ou pela leitura de livros.

Câncer – A segurança é muito importante para você e há uma ânsia enraizada de também manter aqueles ao seu redor seguros.

Leão – Você adora ser elogiado e busca aplauso onde quer que vá. Está sempre disposto a nutrir os próprios talentos e também a ajudar os outros a encontrar os deles.

Virgem – Você é prático quando se trata de cuidar de si mesmo e dos outros. O bem-estar é importante e o autocuidado está no topo de suas prioridades.

Libra – Você adora companhia e é atraído por pessoas com quem pode fazer amizade com facilidade. O bem-estar é uma de suas prioridades, principalmente quando envolve calma e paz.

Escorpião – Você expressa suas emoções sem reservas e pode achar difícil se conter. Experimente um treino acelerado se precisar dissipar esses sentimentos.

Sagitário – Você gosta de ter seu próprio espaço e a liberdade de fazer as coisas do seu jeito. Prefere viajar sozinho e lidar com suas emoções por conta própria.

Capricórnio – Você é fã da rotina — a estrutura funciona para você e te ajuda a navegar na vida cotidiana, mantendo uma sensação de controle.

Aquário – Você não segue a multidão e sempre quer explorar opções alternativas. Senso de comunidade é importante para você, já que busca pessoas com mentalidade semelhante.

Peixes – Suas emoções podem te deixar confuso, assim como lidar com as emoções alheias. Muitas vezes, ficar algum tempo sozinho é a solução ideal.

O que é o signo ascendente?

O signo ascendente, também conhecido apenas como ascendente, é a constelação que estava ascendendo no horizonte leste no momento do seu nascimento, e é tão importante quanto o signo solar!

Assim como o solar, existem doze signos ascendentes — de Áries a Peixes. Enquanto seu signo reflete sua personalidade, o ascendente reflete como você age.

Por exemplo, se o seu signo solar for Capricórnio, você pode ser prático e trabalhador, mas com ascendente em Leão, pode agir com imensa confiança. (Veja as páginas 18-23 para uma visão geral dos signos e seus traços.)

O signo ascendente está associado à primeira casa do mapa astral (veja a página 85 para mais informações sobre as casas), então tudo se trata de novos começos e autoidentidade. O signo solar representa um quadro mais amplo, enquanto o ascendente representa a superfície da personalidade, uma primeira impressão, por assim dizer.

Como calcular o signo ascendente

Hoje em dia, basta pesquisar on-line para descobrir nosso signo ascendente, mas, no passado, os astrólogos tinham que colocar a mão na massa para isso.

O signo ascendente é específico para o horário do nascimento e essencial para um mapa astral preciso. Ele muda com frequência, então esse dado é fundamental. Se você encontrou um astrólogo insistente que exigia essa informação, eis o motivo! Com os doze signos do zodíaco ascendendo em um período de 24 horas, cada um ocupa uma janela de duas horas, que pode então ser conectada ao horário do seu nascimento. Se você nasceu ao alvorecer do Sol, seu signo solar e o ascendente serão os mesmos.

Gêmeos nascidos com quinze minutos de diferença podem ter signos ascendentes diferentes, o que significa que seus mapas astrais — e, portanto, suas personalidades — podem diferir muito um do outro.

Embora seja possível reunir todas essas informações do mapa astral, você pode calcular seu signo ascendente aqui: <astrosofa.com/ascendant> (em inglês).

Como calcular
o signo descendente

O descendente é o signo que estava se pondo no horizonte oeste no momento do seu nascimento e sua localização é diretamente oposta à do ascendente, caindo na sétima casa, representando os relacionamentos (consulte a página 85 para obter mais informações sobre as casas).

O descendente descreve seus desejos, com quem você se dá bem e por quem é atraído. Ele descreve os obstáculos externos que te desafiam diariamente e tudo aquilo que você deseja, mas não consegue alcançar.

O signo descendente é importante para entender seu comportamento em relacionamentos e reflete experiências que podem te ajudar a compreender questões em uma parceria. Por exemplo, se o seu descendente for Aquário, isso sugere a busca por um senso de liberdade nos relacionamentos e o desejo de encontrar um parceiro que sinta o mesmo.

Para descobrir o signo descendente, consulte seu mapa astral ou calcule on-line, como fez com o ascendente, e veja seu perfil astrológico completo: <astrosofa.com/ascendant> (em inglês).

Compreendendo os planetas em seu mapa astral

Cada planeta reflete um aspecto de nossa personalidade, portanto há muito ganho quando temos uma compreensão mais profunda de seu significado. Os planetas indicam como reagimos às pessoas e às situações, delineiam nossos sonhos e desejos. Não se preocupe se algumas casas do seu mapa astral não tiverem nenhum planeta — isso é bastante comum! Cada planeta rege um signo, e um signo sempre ocupa uma casa. Use as informações a seguir ao interpretar seu mapa astral e consulte a página 18 para obter orientações específicas sobre os planetas em relação ao seu signo solar.

Sol é o nosso ego, nossa vontade e determinação. Ele orbita todos os signos do zodíaco ao longo de um ano.

Lua reflete uma parte de nós que permanece oculta, nossas memórias e emoções. Ela transita para um novo signo a cada dois dias e meio.

Mercúrio é o planeta da comunicação, das notícias e das viagens. Também pode refletir fofocas e rumores.

Vênus é o planeta do amor, do romance, da sensualidade e da beleza. Ele nos ajuda a entender nosso amor pelos outros, mas também pelas coisas.

Marte é o planeta da energia, da ação e do conflito.

Saturno é o planeta do compromisso e da estabilidade. Também representa as restrições impostas a nós.

Júpiter simboliza o crescimento espiritual e nos ajuda a entender quaisquer questões emocionais que possamos ter.

Netuno é frequentemente chamado de "poesia da alma", refletindo nossas emoções mais profundas e criatividade.

Urano representa a rebeldia e a luta contra a injustiça tanto em nossa vida pessoal quanto em escala global.

Plutão busca a mudança e como ela pode nos permitir crescer e alcançar nossos sonhos. Esse é o planeta que nos força a enfrentar e superar nossos medos.

Compreendendo as casas em seu mapa astral

Um mapa astral é dividido em doze setores que representam os signos solares do zodíaco, mas também há outras doze seções sobrepostas chamadas "casas". Cada casa representa um aspecto diferente de sua vida cotidiana, englobando carreira, viagens, amor e muito mais. Cada planeta se localiza tanto em um signo solar quanto em uma casa, e essas posições são fundamentais para decifrar seu mapa astral e entender mais sobre seu universo interior. O significado das casas é complexo e amplo; as páginas a seguir oferecem um breve panorama para começar, mas, se quiser investigar mais a fundo, consulte as indicações na página 125.

CASA 1: PERSONALIDADE

É a casa do eu; representa você, o corpo em que nasceu e seu temperamento. A Casa 1 simboliza o nascimento e novos começos, refletindo como vemos nossa vida e como nossas primeiras experiências nos impactaram e moldaram nosso mundo. Quando planetas transitam por essa casa, nossos objetivos são manifestados e novas ideias começam a se formar.

Planetas nesta casa
Sol – Desenvolvimento pessoal
Lua – Sentimentos profundos
Mercúrio – Conexão
Vênus – Beleza
Marte – Força
Júpiter – Otimismo
Saturno – Previdência
Urano – Individualidade
Netuno – Glamour
Plutão – Controle

Signos nesta casa
Áries – Motivação
Touro – Equilíbrio
Gêmeos – Comunicação
Câncer – Proteção
Leão – Ação
Virgem – Ordem
Libra – Elegância
Escorpião – Autodefesa
Sagitário – Visão
Capricórnio – Planejamento
Aquário – Clareza
Peixes – Imaginação

CASA 2: POSSES E DINHEIRO

Esta casa trata de posses materiais e finanças pessoais. Ela revela sua atitude em relação ao dinheiro: você o ama ou o odeia? Oferece perspectiva sobre suas finanças pessoais — talvez elas sejam motivo de preocupação, talvez você seja bom em economizar para dias difíceis, ou talvez seja um tanto frívolo — e também sobre como você ganha e gasta. Além das finanças, tudo que possui valor e importância pode ser encontrado nesta casa — o que consideramos valioso na vida e como nos valorizamos.

Planetas nesta casa
Sol – Independência
Lua – Segurança
Mercúrio – Comunicação
Vênus – Sensualidade
Marte – Ambição
Júpiter – Confiança
Saturno – Economia
Urano – Mudança
Netuno – Caridade
Plutão – Sobrevivência

Signos nesta casa
Áries – Automotivação
Touro – Acumulação
Gêmeos – Descontração
Câncer – Possessividade
Leão – Orgulho
Virgem – Parcimônia
Libra – Igualdade
Escorpião – Privacidade
Sagitário – Frivolidade
Capricórnio – Planejamento
Aquário – Compartilhamento
Peixes – Generosidade

CASA 3: COMUNICAÇÃO

Esta casa representa sua comunicação com aqueles ao seu redor. O modo como você se expressa e constrói relacionamentos com outras pessoas em sua vida — sejam amigos, família, colegas de trabalho, vizinhos ou aqueles na comunidade mais ampla — está em jogo aqui, e quando planetas entram nesta casa, você pode receber informações sobre sua rede de associações. A Casa 3 também enfoca a linguagem na comunicação, além dos relacionamentos que você tem com seus irmãos.

Planetas nesta casa
Sol – Linguagem
Lua – Educação
Mercúrio – Conexão
Vênus – Harmonia
Marte – Competitividade
Júpiter – Otimismo
Saturno – Autoridade
Urano – Obstinação
Netuno – Intuição
Plutão – Aprendizado

Signos nesta casa
Áries – Rivalidade
Touro – Aprendizado
Gêmeos – Conexão
Câncer – Proteção
Leão – Confiança
Virgem – Organização
Libra – Igualdade
Escorpião – Educação
Sagitário – Aventura
Capricórnio – Planejamento
Aquário – Racionalidade
Peixes – Imaginação

CASA 4: LAR E FAMÍLIA

Esta casa representa seu lar, o lugar que você considera seu refúgio ou onde sua família reside. Diz respeito a um senso de pertencimento, santuário e segurança. A família, aqui, não se refere apenas aos parentes, mas à família que você escolhe para si, como amigos, vizinhos e pessoas de sua comunidade. A Casa 4 também reflete seu relacionamento com figuras maternas em sua vida e observa as situações em que você se sente amado e cuidado.

Planetas nesta casa
Sol – Identidade
Lua – Privacidade
Mercúrio – Comunicação
Vênus – Paz
Marte – Conflito
Júpiter – Viagem
Saturno – Estabilidade
Urano – Independência
Netuno – Santuário
Plutão – Renovação

Signos nesta casa
Áries – Rivalidade
Touro – Segurança
Gêmeos – Lealdade
Câncer – Proteção
Leão – Orgulho
Virgem – Dever
Libra – Diplomacia
Escorpião – Privacidade
Sagitário – Aceitação
Capricórnio – Organização
Aquário – Comunidade
Peixes – Música

CASA 5: CRIATIVIDADE E PRAZER

Além da criatividade e do prazer, esta casa também está ligada ao lazer, ao romance e àquelas pequenas fontes de alegria — crianças — bem como ao nosso legado. A Casa 5 engloba tudo o que faz você se sentir bem e alegre — seja mergulhando em um projeto criativo, sentindo o impulso de confiança graças a um elogio ou sucesso profissional, ou o entusiasmo de um novo parceiro ou marco na vida. Ousadia para arriscar também se enquadra nesta casa, setor importante para jogadores e entusiastas de esportes radicais.

Planetas nesta casa
Sol – Reconhecimento
Lua – Brincadeira
Mercúrio – Impulsividade
Vênus – Comunicação
Marte – Competitividade
Júpiter – Fertilidade
Saturno – Estratégia
Urano – Originalidade
Netuno – Talento artístico
Plutão – Transformação

Signos nesta casa
Áries – Ação
Touro – Estabilidade
Gêmeos – Conexão
          romântica
Câncer – Cuidado
Leão – Alegria
Virgem – Humildade
Libra – Perfeição
Escorpião – Lealdade
Sagitário – Viagem
Capricórnio – Cautela
Aquário – Virtude
Peixes – Romance

CASA 6: SAÚDE E BEM-ESTAR

Além da saúde e do bem-estar, esta casa reflete suas rotinas diárias, que incluem afazeres domésticos e talvez as tarefas mais mundanas às quais você não costuma dar muita atenção. Aqui é onde você encontra recursos para otimizar seu cotidiano. Enquanto o corpo no qual você nasceu é refletido na primeira casa, é na Casa 6 que se concentra o bem-estar. Cuidados pessoais, equilíbrio entre trabalho e vida pessoal, bem como saúde mental e física, são todos abordados aqui.

Planetas nesta casa
Sol – Propósito
Lua – Hospitalidade
Mercúrio – Networking
Vênus – Unidade
Marte – Movimento
Júpiter – Satisfação
Saturno – Construção
Urano – Mudança
Netuno – Música
Plutão – Nutrição

Signos nesta casa
Áries – Produtividade
Touro – Calma
Gêmeos – Destreza
Câncer – Cuidado
Leão – Autoridade
Virgem – Detalhe
Libra – Diplomacia
Escorpião – Atividade
Sagitário – Liberdade
Capricórnio – Atenção
Aquário – Igualdade
Peixes – Estrutura

CASA 7: RELACIONAMENTOS

Diretamente oposta à primeira casa, a sétima casa reflete os relacionamentos que mudam sua vida — não apenas parceiros românticos, mas todos os relacionamentos significativos. Esta casa examinará tanto os aspectos negativos quanto os positivos desses relacionamentos, oferecendo informações potenciais sobre quaisquer desacordos que você possa ter experimentado com seus entes queridos.

Planetas nesta casa
Sol - Individualidade
Lua - Sensibilidade
Mercúrio - Conhecimento
Vênus - Valor
Marte - Assertividade
Júpiter - Motivação
Saturno - Compromisso
Urano - Independência
Netuno - Anseio
Plutão - Transformação

Signos nesta casa
Áries - Igualdade
Touro - Solidez
Gêmeos - Variedade
Câncer - Sentimentalismo
Leão - Desejo
Virgem - Estabilidade
Libra - Compromisso
Escorpião - Intensidade
Sagitário - Companhia
Capricórnio - Segurança
Aquário - Apoio
Peixes - Altruísmo

CASA 8: SEXO, MORTE E TRANSFORMAÇÃO

Esta é a casa na qual experimentamos os aspectos mais sombrios da vida — crises emocionais, perda e devastação — assim como os rituais, as provações e as tribulações de nossa existência. A Casa 8 também reflete relacionamentos românticos intensos e a adaptabilidade da vida humana à natureza em constante transmutação. Essa casa nos ensina que precisamos ceder para avançar, aceitar a mudança e aprender a nos fortalecer.

Planetas nesta casa
Sol – Exploração
Lua – Intuição
Mercúrio – Discrição
Vênus – Diplomacia
Marte – Decisão
Júpiter – Positividade
Saturno – Limites
Urano – Clareza
Netuno – Conexão
Plutão – Poder

Signos nesta casa
Áries – Impulsividade
Touro – Investimento
Gêmeos – Exploração
Câncer – Privacidade
Leão – Sucesso financeiro
Virgem – Catástrofe
Libra – Igualdade
Escorpião – Luxúria
Sagitário – Tomada de riscos
Capricórnio – Indepen-dência
Aquário – Racionalidade
Peixes – Entusiasmo

CASA 9: FILOSOFIA E AVENTURA

Esta casa olha para a frente, para o que ainda não sabemos, o que está além do horizonte. Viagens e educação superior também estão representadas aqui, e aqueles com mapas astrais mostrando planetas na nona casa em geral são extremamente curiosos e aventureiros quando se trata de viagens. Essa casa representa território inexplorado e curiosidade — busca por um maior entendimento de nós mesmos —, bem como fé e política.

Planetas nesta casa
Sol - Confiança
Lua - Vontade de viajar
Mercúrio - Linguagem
Vênus - Criatividade
Marte - Coragem
Júpiter - Ensino
Saturno - Cautela
Urano - Iluminação
Netuno - Espiritualidade
Plutão - Educação

Signos nesta casa
Áries - Independência
Touro - Paciência
Gêmeos - Curiosidade
Câncer - Conexão
Leão - Luxo
Virgem - Prontidão
Libra - Igualdade
Escorpião - Educação
Sagitário - Falta de limites
Capricórnio - Ambição
Aquário - Comunidade
Peixes - Escapismo

CASA 10: CARREIRA

Além das aspirações profissionais, esta casa também abrange status social e popularidade. Se você tem planetas na Casa 10 em seu mapa astral, sem dúvida é uma pessoa ambiciosa quando se trata da vida profissional, e sabe socializar como ninguém. Se você está se sentindo em um impasse, esta casa pode ajudar a te guiar rumo à sua vocação. Mudanças de carreira estão a caminho quando planetas transitam para a Casa 10.

Planetas nesta casa
Sol – Identidade
Lua – Cuidado
Mercúrio – Networking
Vênus – Diplomacia
Marte – Competitividade
Júpiter – Possibilidade
Saturno – Responsabilidade
Urano – Independência
Netuno – Criatividade
Plutão – Influência

Signos nesta casa
Áries – Autonomia
Touro – Lealdade
Gêmeos – Variedade
Câncer – Nutrir
Leão – Autopromoção
Virgem – Criatividade
Libra – Diplomacia
Escorpião – Determinação
Sagitário – Conquista
Capricórnio – Organização
Aquário – Trabalho
   em equipe
Peixes – Compaixão

CASA 11: AMIZADE

Esta é a casa que reconhece nosso círculo social e é onde encontramos nosso lugar nas redes e nos grupos em nossas vidas. Aqui estão representados amizade, trabalho em equipe e objetivos comuns, bem como nossa rede de apoio, nossos conhecidos e a maneira como passamos tempo com as pessoas. Nossos valores sociais e políticos vêm à tona nesta casa, assim como nossa habilidade de trabalhar com outros para melhorar situações.

Planetas nesta casa
Sol – Comunidade
Lua – Extroversão
Mercúrio – Networking
Vênus – Charme
Marte – Competição
Júpiter – Tolerância
Saturno – Comprometimento
Urano – Liberdade
Netuno – Autossacrifício
Plutão – Empoderamento

Signos nesta casa
Áries – Energia
Touro – Constância
Gêmeos – Diversidade
Câncer – Segurança
Leão – Liderança
Virgem – Cuidado
Libra – Harmonia
Escorpião – Força
Sagitário – Iniciativa
Capricórnio – Controle
Aquário – Igualdade
Peixes – Solidariedade

CASA 12: SACRIFÍCIO

Também conhecida como a casa do inconsciente, a Casa 12 é "a escuridão antes do amanhecer", pois fica situada logo abaixo do horizonte, finalizando as casas antes que o ciclo recomece. O inconsciente fala de todas as coisas sem forma física, como sonhos, emoções e segredos. Os planetas assumem uma qualidade mística nesta casa e é aqui que suas boas ações são reconhecidas.

Planetas nesta casa
Sol – Propósito
Lua – Compaixão
Mercúrio – Imaginação
Vênus – Autorreflexão
Marte – Coragem
Júpiter – Generosidade
Saturno – Dedicação
Urano – Liberdade
Netuno – Caridade
Plutão – Aceitação

Signos nesta casa
Áries – Iniciativa
Touro – Relaxamento
Gêmeos – Ambição
Câncer – Cuidado
Leão – Criatividade
Virgem – Consideração
Libra – Equilíbrio
Escorpião – Intuição
Sagitário – Fuga
Capricórnio – Estrutura
Aquário – Recarga
Peixes – Limites

Parte 4

ASTROLOGIA PARA O AUTOCUIDADO

Todos nós precisamos de um pouco de autocuidado em nossa vida, e a Astrologia pode nos direcionar a práticas mais adequadas às características de nosso signo solar. O capricorniano é um trabalhador incansável, então o autocuidado para esse signo envolve um profundo relaxamento, em especial à noite, para garantir que os pensamentos e as preocupações não atrapalhem o sono.

Correr e nadar, principalmente ao ar livre, ajudarão muito a liberar a tensão. Práticas como ioga e meditação guiada também são benéficas e ajudam a relaxar. O que te ajuda a desestressar? As páginas seguintes oferecem algumas ideias de métodos que podem funcionar para você.

Como usar a Astrologia para orientar práticas de autocuidado

Alinhar práticas de autocuidado com o signo solar pode aumentar o poder de cura. Vale a pena fazer uma pesquisa para aproveitar ao máximo o tempo livre e o descanso. Quando se trata de ioga, existem posturas que oferecem um benefício maior para um determinado signo do que para outro, de acordo com personalidade e comportamentos; também há afinidade entre cristais e o signo a que correspondem, permitindo que a energia flua mais livremente entre aqueles designados para cada signo.

As próximas páginas trazem rituais e práticas de autocuidado específicos para o signo de Capricórnio. Desde tarô até cristais, incluindo o corpo energético e seus chacras, técnicas de relaxamento, além dos tipos de exercícios que podem se adequar melhor aos capricornianos.

O foco do nativo de Capricórnio está no trabalho e nas pessoas mais próximas e, às vezes, ele pode sentir que o estresse do trabalho ou dos problemas dos outros estão lhe sobrecarregando.

É fundamental lembrar-se de reservar um espaço para o autocuidado na vida e separar um tempo para relaxar e melhorar o sono.

Anotar pensamentos e desejos em um diário ou incorporar de cinco a dez minutos de meditação guiada ao longo do dia contribuem para afastar quaisquer pensamentos negativos.

O que fazer ou não

O QUE FAZER

- ✦ Vá no seu próprio ritmo; o autocuidado não é uma competição.

- ✦ Siga o que faz sentido para você; nem toda sugestão será a ideal.

- ✦ Permita que as orientações te ajudem a abandonar hábitos ruins.

O QUE NÃO FAZER

- ✦ Não passe dos limites; se tiver uma lesão leve, mas a orientação for para fazer algum exercício extenuante, deixe para lá até se sentir melhor.

- ✦ Não abandone as atividades que você ama só porque não são mencionadas como específicas para seu signo.

- ✦ Não corra riscos se algo não parecer certo; mantenha-se seguro e confortável.

NÓS SOMOS MERAMENTE AS BOLAS DE TÊNIS DAS ESTRELAS, BATIDAS E JOGADAS PARA ONDE LHES CONVÉM.

JOHN WEBSTER

Rituais para ajudar o signo de Capricórnio a relaxar e desestressar

Um bom banho com alguns óleos essenciais calmantes é a maneira perfeita para os capricornianos se recuperarem em casa. Aqueles que preferem algo mais energético podem sair para correr, nadar ou fazer um treino de alta intensidade para se sentirem revitalizados.

Deite-se cedo para ter um sono restaurador e introduza uma rotina noturna para relaxar de verdade. Borrife água de lavanda no travesseiro e pelo quarto, evite mexer no celular ou no notebook pelo menos uma hora antes de dormir e relaxe com um bom livro ou revista.

Se precisar de ajuda para adormecer, experimente o Calm (disponível em português), um aplicativo projetado para ajudar a relaxar e aliviar a ansiedade por meio de meditação guiada, histórias para dormir e sons relaxantes. É provável que nem chegue ao final de uma história para dormir, pois será embalado em um sono profundo. Antes de assinar, experimente a versão gratuita para ver se funciona para você.

Escrever em um diário antes de ir para a cama pode ser um bom passo em uma rotina noturna para ajudar a banir pensamentos intrusivos.

Todas as noites, tente anotar três coisas pelas quais é grato. Podem ser coisas simples que aconteceram durante o dia ou eventos significativos de sua vida. Você perceberá que, quanto mais fizer isso, mais positividade trará para seu cotidiano.

Posturas de ioga para Capricórnio

Os benefícios da ioga são muito abrangentes, desde aumento da flexibilidade, melhoria da força, tonificação muscular, aumento da energia, promoção da circulação e sono restaurador até uma sensação de plenitude e relaxamento. As posturas de ioga a seguir são ideais para você — caso sinta necessidade de algo mais intenso, experimente os estilos *bikram* e *flow*. Sempre se aqueça primeiro e não vá além dos limites do seu corpo. Se nunca experimentou ioga antes, considere fazer uma aula ministrada por um profissional experiente.

POSTURA DA ÁRVORE

De pé, com as pernas fechadas, transfira seu peso para o pé direito, abrindo bem os dedos. Com cuidado, levante o outro pé e apoie a planta do pé direito na parte interna da coxa ou na panturrilha esquerda, prestando atenção para não o pressionar contra o joelho. Junte a palma das mãos no centro do peito. Se não conseguir manter o equilíbrio, tente olhar fixamente para algo, por exemplo, um quadro na parede. Para levar a postura adiante, eleve os braços e una as mãos sobre a cabeça. Erga o queixo e aproveite esse alongamento por várias respirações. Em seguida, troque de lado e repita o alongamento.

POSTURA DA CARA DE VACA

Esta postura de enraizamento alonga todo o corpo — ombros, braços, tornozelos, quadris, coxas e costas. Você se sentirá centrado e livre de energia estagnada.

Sente-se confortavelmente no chão. Cruze a perna direita sobre a esquerda, alinhando os joelhos e leve seu pé direito ao seu quadril esquerdo. Agora, mova seu pé esquerdo para o quadril direito. Estenda o braço direito com as pontas dos dedos em direção ao teto e a palma da mão virada para trás e flexione o cotovelo para que sua mão descanse atrás do pescoço. Estenda o braço esquerdo para trás e para cima para segurar suas mãos juntas, se puder. Inspire e expire algumas vezes, mantendo a postura por alguns minutos caso esteja confortável. Em seguida, repita o alongamento do outro lado.

POSTURA DO TRIÂNGULO

Esta postura de alongamento e fortalecimento é indicada para coxas, torso, quadris, virilha, panturrilhas, ombros e coluna.

Fique de pé com as pernas juntas, ombros para trás e os braços ao lado do corpo (esta é conhecida como a postura da montanha). Afaste os pés cerca de um metro. Levante os braços para os lados com as palmas das mãos para baixo, paralelas ao chão. Vire o pé direito para fora em 90 graus e o pé esquerdo ligeiramente para dentro. Vire a cabeça para olhar sobre o braço direito, em direção à ponta dos dedos. Firme a perna esquerda e o calcanhar no chão. Curve-se na altura dos quadris para tentar alcançar o tornozelo com o braço direito e, se conseguir, estique o braço esquerdo para o alto, com a ponta dos dedos para cima. Mantenha a postura por algumas respirações antes de trocar para o outro lado.

POSTURA DO ÂNGULO FECHADO

Esta postura abre os quadris e o peito enquanto alonga a coluna.

Sente-se no tapete e aproxime as solas dos pés, permitindo que os joelhos se flexionem para os lados. Leve as mãos aos pés e entrelace os dedos ao redor dos dedos dos pés. Inspire profundamente e pressione os quadris para baixo enquanto estica o topo da cabeça, alongando a coluna. Relaxe os ombros e deixe que abaixem e se inclinem para trás, projetando o peito para fora. Empurre os joelhos o mais próximo possível do chão para abrir os quadris. Sentado em posição ereta, mantenha a coluna alongada e o peito aberto. Expire e leve suavemente o tronco para a frente. Feche os olhos e mantenha a posição por algumas respirações. Depois, descanse antes de realizar a postura novamente.

NÃO HÁ BARCO MELHOR DO QUE O HORÓSCOPO PARA AJUDAR UM HOMEM A ATRAVESSAR O OCEANO DA VIDA.

VARAHA MIHIRA

Atividades físicas para Capricórnio

Os capricornianos tendem a preferir exercícios que podem fazer sozinhos, seja com seus próprios pensamentos ou tentando se livrar deles e viver uma experiência mais consciente.

Como são os *workaholics* do zodíaco, práticas lentas e constantes podem ser benéficas para mudar o ritmo. *Hatha* ou *Ashtanga* ioga são boas pedidas para se alongar, focar a respiração e recarregar as energias. Uma aula regular de meditação também pode ser boa, bem como Pilates para fortalecer o torso.

Para os capricornianos que se identificarem com essas atividades, por que não pensar em participar de um retiro de ioga para realmente sentir os benefícios? Existem muitas opções disponíveis, que vão de um dia de duração a uma semana inteira, em geral com pacotes que incorporam meditação e oferecem refeições nutritivas.

No dia a dia, natação ou corrida são atividades que podem ser feitas no horário de almoço quando precisar de uma pausa em um dia agitado. Programar um alarme é uma estratégia para quem tende a mergulhar no trabalho a ponto de se esquecer do almoço e só perceber a tensão aumentando ao fim do dia.

Artes marciais de condicionamento físico, como o *taekwondo*, também podem ser benéficas para desenvolver força, resistência e paciência. A história dessa antiga arte marcial está enraizada na autodefesa, com técnicas de socos e chutes aliadas ao treinamento de força mental, com mente e corpo participando juntos em equilíbrio.

Cristais

Os cristais naturais contêm propriedades piezoelétricas e piroelétricas que os fazem vibrar. Isso, aliado ao fato de que também são condutores de calor e eletricidade, levou muitos a acreditar que eles têm a capacidade de transformar nossos níveis de energia e que podem ajudar a encontrar o amor e restaurar a saúde.

Os cristais têm sido usados para cura há milhares de anos, e evidências disso podem ser encontradas em textos antigos. Acredita-se que as vibrações ajudam a restaurar os mecanismos naturais de cura do corpo, além de proporcionar um senso de equilíbrio, calma e bem-estar. Esse tipo de prática é chamado de *medicina vibracional*.

As pessoas frequentemente escolhem cristais de acordo com a cor e suas propriedades, mas o signo solar e a data de nascimento também podem influenciar aqui. Escolher cristais com seu signo em mente pode te ajudar a viver uma experiência mais bem-sucedida. Levar em consideração o corpo energético (veja página 36) e combinar cristais com o chacra relacionado ao seu signo solar (veja página 123) fazem toda a diferença.

Chacra	Localização	Cor	Associações emocionais e físicas
Básico	Base da espinha	Vermelho	Centramento, independência
Sacral	Logo abaixo do umbigo	Laranja	Aceitação, bem-estar, prazer
Plexo solar	Base do tórax	Amarelo	Confiança, autocontrole, autoestima
Cardíaco	Centro do peito	Verde	Amor, alegria, paz interior
Laríngeo	Base da garganta	Azul	Comunicação, autoexpressão
Frontal	Acima e entre as sobrancelhas	Índigo	Intuição, tomada de decisão
Coronário	Topo da cabeça	Violeta	Sensação de conexão, espiritualidade

CRISTAIS DE ACORDO COM OS SIGNOS ASTROLÓGICOS

Áries – Jaspe vermelho, cornalina, citrino

Touro – Quartzo fumê, amazonita, selenita

Gêmeos – Shungita, amazonita, olho de tigre

Câncer – Selenita, labradorita, jaspe vermelho

Leão – Olho de tigre, quartzo rosa, granada

Virgem – Amazonita, ametista, fluorita

Libra – Olho de tigre, ametista, hematita

Escorpião – Turmalina rosa, ametista, azurita

Sagitário – Lepidolita, quartzo fumê, shungita

Capricórnio – Quartzo rosa, granada, quartzo fumê

Aquário – Lepidolita, ametista, quartzo com turmalina

Peixes – Quartzo transparente, cornalina, crisocola

LIMPEZA DOS SEUS CRISTAIS

Preparar seus cristais antes de usar é importante para remover qualquer energia negativa ou antiga. Lave-os em água corrente por um minuto e deixe secar ao ar livre. Em seguida, mergulhe seus cristais em água salgada e deixe secar. Finalmente, deixe-os se banharem à luz da Lua ou do Sol por doze horas. Agora, eles estão prontos para serem usados.

AUTOCUIDADO COM CRISTAIS

Escolha um espaço tranquilo em sua casa ou em um local onde queira nutrir a criatividade e use seus cristais. Siga estas etapas para mudar a energia e transformar seu espaço seguro.

- **Escolha um espaço tranquilo em sua casa — talvez a sala de estar ou o quarto. Certifique-se de que este é um lugar confortável onde você pode relaxar e ter alguns momentos só.**

- **Permita que o ar flua pelo espaço para livrá-lo de qualquer "energia morta". Em seguida, faça uma limpeza de fato, tirando poeira ou teias de aranha e removendo tudo aquilo que não é necessário para que apenas poucos objetos permaneçam.**

- **Adicione alguns cristais para trazer uma energia calma ao espaço — quartzo e ametista funcionam bem para isso, promovendo cura, limpeza e harmonia.**

- **Coloque os cristais em um lugar onde eles possam captar luz natural e certifique-se de que tenham espaço entre si e não fiquem tocando um no outro.**

Tarô

O tarô pode ser usado para adivinhação e qualquer um consegue fazer uma leitura — você não precisa visitar ou virar um oraculista para se aventurar com o baralho. Faça a leitura você mesmo ou peça a um amigo e se revezem. Ao fazer uma pergunta, o tarô pode te proporcionar discernimento e orientação por meio da interpretação das cartas retiradas aleatoriamente do baralho. Cada uma das 78 cartas possui um significado único em relação à pergunta feita.

O baralho é composto de arcanos maiores e arcanos menores. Você inclusive já deve ter ouvido falar de alguns dos nomes dentre os 22 arcanos maiores como o Sol, a Lua, o Louco, a Morte e os Amantes. Eles representam influências cármicas e temas em sua vida. Se um desses aparecer em sua leitura, em geral significa a necessidade de refletir sobre suas lições pessoais. Cada signo do zodíaco é regido por uma carta do arcano maior. No caso de Capricórnio, a carta é o Diabo, que simboliza a sensação de estar aprisionado, preso em um inferno pessoal.

Os arcanos menores estão representados em 56 cartas agrupadas em quatro naipes de catorze cartas cada; dez delas são numeradas e as demais são o Valete, o Cavaleiro, a Rainha e o Rei. Essas cartas representam situações, te guiam em escolhas e refletem seu estado de espírito.

O tarô em si é interpretado de diferentes maneiras. Há quem diga que as respostas vêm de espíritos ou anjos, e há quem afirme que é sincronicidade, na qual a interpretação das cartas retiradas se relaciona de forma significativa. Se isso é algo que te interessa, pesquise mais detalhadamente sobre o tarô para entender os significados por trás de cada carta, mas as páginas a seguir trazem algumas dicas sobre como se preparar. Com um pouco de orientação, você pode desvendar o simbolismo e começar uma jornada de autodescoberta.

ESCOLHENDO UM BARALHO

Dizem que dá azar comprar o primeiro baralho de tarô, pois ele deveria ser dado como presente. No entanto, essa crença é frequentemente ignorada como uma superstição arcaica, então, se isso não te incomodar, compre seu próprio baralho! É importante que você tenha uma boa relação com as cartas do baralho que for usar, então, certifique-se de que gosta das ilustrações que ele apresenta. Existem centenas de baralhos diferentes disponíveis, então faça pesquisas e escolha um que te agrade. Se se sentir perdido diante da variedade, sempre pode optar pelo baralho Rider-Waite Smith, um dos mais conhecidos.

ENERGIZANDO E PURIFICANDO SUAS CARTAS

Um baralho novo precisa ser energizado, então, depois de desembrulhar seu deque, certifique-se de embaralhá-lo completamente. A melhor maneira de fazer isso é espalhar as cartas em uma mesa e misturá-las até ficarem bem embaralhadas. Não seja perfeccionista, você quer que algumas cartas fiquem de cabeça para baixo para fornecer reversões em suas leituras, então, embaralhe, misture e mexa novamente.

Quando não usar seu baralho por algum tempo, é uma boa ideia limpá-lo para banir qualquer energia negativa. Existem várias maneiras de fazer isso: embaralhe as cartas e bata nelas três vezes; coloque-as em uma janela durante a noite, onde serão banhadas pela luz da Lua; queime um pouco de sálvia seca e passe o baralho pela fumaça algumas vezes.

PREPARAÇÃO

No início, é uma boa ideia escolher um espaço para praticar onde você terá paz e tranquilidade e poderá dar atenção total ao baralho. Escolha um local calmo e organizado — você quer um fluxo de energia positiva, então, pode selecionar alguns itens para ajudar a criar o espaço perfeito.

DEFININDO SUA INTENÇÃO

Durante uma leitura, é vital manter a energia positiva fluindo ao seu redor. Um jeito fácil de fazer isso é banhar o ambiente em uma luz branca e brilhante, que irá banir a energia negativa e mantê-la afastada durante toda a leitura.

LEITURA E QUESTIONAMENTO

Iniciantes se saem melhor começando com uma tiragem de três cartas, representando passado, presente e futuro. Certifique-se de ter sua pergunta em mente enquanto embaralha. Cartas que voam para fora do baralho enquanto você embaralha são simbólicas. Distribua três cartas na sua frente, com a face para cima — passado, presente e futuro.

Quanto mais detalhada for a pergunta, mais detalhes terá a resposta. Tente evitar perguntas vagas ou aquelas com respostas simples "sim" ou "não". Pense em perguntas que provavelmente abrirão uma conversa. Como um nativo de Capricórnio, talvez você queira fazer perguntas relacionadas à sua carreira ou ao que pode acontecer no futuro. No que está trabalhando no momento? Pergunte às cartas como tudo pode acontecer.

**NÃO PRECISAMOS
NOS ENVERGONHAR
DE FLERTAR COM A
ASTROLOGIA. É UM FLERTE
QUE VALE MUITO A PENA.**

D. H. LAWRENCE

Chacras

Se você se interessa por ioga, provavelmente está familiarizado com os chacras ou gostaria de aprender mais sobre eles. Enraizados no hinduísmo, mas exercitados por muitos fora dessa fé, os chacras são considerados forças vitais que circulam energia para determinadas partes do nosso corpo. Quando o estresse e tensões da vida bloqueiam essas energias, sentimos o impacto, e é benéfico trabalhar para desbloqueá-las. A melhor maneira de fazer isso é promover o fluxo de energia por meio de meditação, posturas de ioga específicas para cada chacra e exercícios de respiração.

Existem sete chacras principais: básico, sacral, plexo solar, cardíaco, laríngeo, frontal e coronário. Eles estão desvinculados das partes do corpo associadas a cada signo solar e, em vez disso, correspondem às características de uma pessoa.

SIGNOS SOLARES E SEUS RESPECTIVOS CHACRAS

Áries – chacra plexo solar, localizado no abdômen, fonte de autoconfiança e poder.

Touro – chacra cardíaco, cuja energia traz habilidades empáticas.

Gêmeos – chacra laríngeo, associado à comunicação e à criatividade.

Câncer – chacra frontal, localizado na testa e considerado o centro da alma.

Leão – chacra coronário, representa o pensamento, a compreensão e a facilidade de chegar a soluções.

Virgem – chacra laríngeo, simboliza a comunicação clara e a habilidade de falar em público.

Libra – chacra cardíaco, a fonte de cura emocional e construção de laços com os outros.

Escorpião – chacra plexo solar, que ajuda a combater os medos e a controlar as emoções.

Sagitário – chacra sacral, traz otimismo e paixão.

Capricórnio – chacra básico, localizado na base da coluna, promove boa saúde mental e física.

Aquário – chacra básico, ajuda a manter-se centrado e nutre a solidariedade.

Peixes – chacra sacral, promove sensualidade, emoção e criatividade.

Até logo

Como se sente em relação à Astrologia agora? Você aprendeu tanto! É provável que tenha se surpreendido ao ler este livro, com cenários e características familiares saltando das páginas. Muitos de nós desejam ser melhor compreendidos, e a Astrologia pode fornecer uma dose de conforto em meio às complexidades da vida moderna.

Espero que você se sinta munido do conhecimento e da percepção intuitiva de que precisa para embarcar na próxima fase de sua jornada. É hora de tirar suas próprias conclusões sobre quem você é e por que tem certos comportamentos — e os astros podem te ajudar. O mistério do zodíaco é vasto, mas está lá para ser desvendado, e, se você estiver aberto ao desafio, certamente colherá as recompensas.

Outros recursos

LIVROS

Goodman, Linda *Sun Signs*. Londres: Pan Books, 1999.

Parker, Derek e Parker, Julia *Parkers' Astrology: The Definitive Guide to Using Astrology in Every Aspect of Your Life*. Londres: DK, 2021.

Taylor, Carole *Using the Wisdom of the Stars in Your Everyday Life*. Londres: DK, 2018.

SITES E APPS

Astro.com – recursos gratuitos para iniciantes e astrólogos experientes. Comece fazendo seu mapa astral e prossiga a partir daí. Há recursos em português.

Linda-goodman.com – fórum dedicado à famosa astróloga, falecida em 1995. Em inglês.

TimePassages – app de Astrologia pago e fácil de usar, que te permite criar um mapa astral, ler horóscopos diários e comparar seu mapa com o de um amigo ou parceiro. Em inglês.

Co-Star – um dos apps mais populares de Astrologia, repleto de informações e insights; design elegante e leituras em tempo real obtidas a partir de dados da NASA. Em inglês.

A ASTROLOGIA É COMO JOGAR XADREZ COM UM PARCEIRO INVISÍVEL.

NOEL TYL